Christina Lang

Olivia & Clarissa

Im Zauberwald

Nella Foresta Incantata

Für Leseanfänger   *Per primi lettori*

Bibliografische Information der Deutschen Nationalbibliothek: Die Deutsche Nationalbibliothek verzeichnet diese Publikation in der Deutschen Nationalbibliografie; detaillierte bibliografische Daten sind im Internet über http://dnb.dnb.de abrufbar.

Herstellung und Verlag:
BoD – Books on Demand, Norderstedt

ISBN: 978-3-7519-7997-9

Per Emily, Leonie e Sofia
Siete uniche e preziose, ciascuna di voi.

Olivia liegt in Omas und Opas Garten zwischen Gänseblümchen und roten Mohnblumen. Sie riechen herrlich nach Sommer. Das Surren der Bienen und Hummeln macht sie so schön schläfrig.

Olivia è nel giardino dei nonni, in mezzo a margherite e papaveri rossi. Il loro profumo meraviglioso sa di estate. Il ronzio delle api e dei bombi le fa venire sonno.

Kleine weiße Wolken ziehen langsam am hellblauen Himmel vorbei. Olivia setzt sich ihre schwarze Brille auf. Und jetzt verwandeln sich die Wolken in lustige Tiere. Über ihren Arm kriecht eine Familie Marienkäfer in einer ordentlichen Reihe.

Delle piccole nuvole bianche attraversano piano piano il cielo azzurro. Olivia si mette i suoi occhiali neri. E adesso le nuvole si trasformano in buffi animali. Una famiglia di coccinelle cammina sul suo braccio in fila indiana.

Clarissa, Olivias Zwillingsschwester, knabbert an einem langen Grashalm.

Clarissa, la sorella gemella di Olivia, rosicchia un lungo filo d'erba.

Sie hat nichts übrig für lustige Wolken und kriechende Marienkäfer. „Olli, magst du mit mir auf Omas Apfelbaum klettern?" „Ach, Clari", seufzt Olivia. Dabei rückt sie ihre Brille auf der Nase zurecht.

Non le interessano nuvole buffe e coccinelle che camminano in fila indiana. "Olli, ti va di arrampicarti con me sull'albero di mele della nonna?" "Uffa, Clari", dice Olivia mentre spinge su gli occhiali sul naso.

„Wollen wir wetten, dass ich hier oben einen Wurm mit Glubschaugen entdecke?" sagt Clarissa. Olivia schaut ihre Schwester böse an. Also klettert sie allein hoch und winkt Olivia triumphierend zu. „Schau, Olli, ich bin geschickt wie ein echter Koala!"

"Scommettiamo che lassù scoprirò un verme con gli occhi a palla?" dice Clarissa. Olivia lancia un'occhiataccia alla sorella. Allora si arrampica da sola e saluta la sorella con aria trionfante. "Ehi, Olli! Sono agile come un vero koala, guardami!"

Clarissa wackelt ein bisschen zu viel mit den Armen und – schwupps – liegt sie im hohen Gras.

Clarissa si muove un po' troppo le braccia e – con un bel tonfo – si ritrova nell'erba alta.

Jammernd reibt sie sich eine dicke Beule auf der Stirn. „Autsch, das tut aber weh!" Olivia muss sich vor lauter Lachen den Bauch halten. „Du bist mir ein schöner Koala. Ich wusste gar nicht, dass die so ungeschickt sind!"

Un grosso bernoccolo le spunta sulla fronte. "Aia, non ci voleva!" si lamenta. Olivia ride a crepapelle. "Ma davvero? Non sapevo che i koala fossero così impacciati!"

„D-das ist n-nicht lustig!", ruft Clarissa aufgebracht. Immer, wenn Olivia oder ihre Schulkameraden sie auslachen, muss sie stottern. „H-hör s-s-ofort damit auf! D-du t-traust dich gar n-n-nichts. Und i-ich h-habe w-we-wenigstens nicht so k-komische Ohren w-wie du!"

"N-non è d-di-divertente!" esclama Clarissa arrabbiata. Quando Olivia o i suoi compagni di scuola ridono di lei, inizia a balbettare. "S-smettila s-sub-subito! T-tu hai p-pa-paura di t-tu-tutto. A-almeno i-io n-non ho o-or-orecchie così s-strane co-come t-te-!"

„Na warte, jetzt kannst du was …" Olivia hält plötzlich still. „Clari, hast du das gehört?" Clarissa mag jetzt nicht mit Olivia reden.

"Adesso ti faccio vedere…" Olivia, ad un tratto, si zittisce. "Clari, hai sentito?" Ora a Clarissa non va di parlare con Olivia.

„Olivia, Clarissa, könnt ihr mir helfen, meinen kleinen Bruder zu finden?" Die Stimme klingt sehr traurig. Olivia und Clarissa haben ihren kleinen Streit schon vergessen. „K-komm", ermutigt Clarissa ihre Schwester. „Wir sch-schauen nach, w-wer das ist!"

"Olivia, Clarissa, mi aiutate a trovare il mio fratellino?" La vocina sembra molto triste. Olivia e Clarissa hanno già dimenticato il loro battibecco. "D-dai, v-vieni", dice Clarissa con tono incoraggiante. "Andiamo a ve-vedere di ch-chi è questa voce!"

Olivia will unbedingt wissen, wem das traurige Stimmchen gehört. Vor lauter Neugier vergisst sie, dass sie Angst vor dem Klettern hat. „Siehst du, Olli, du kannst es doch!", ruft Clarissa. Olivia ist sehr stolz auf sich. „Und du, Clari, du stotterst gar nicht mehr!"

Olivia è proprio curiosa di sapere a chi appartiene quella vocina triste. È talmente incuriosita che si dimentica di avere paura di arrampicarsi. "Hai visto, Olli, ce l'hai fatta!" esclama Clarissa. Olivia è molto fiera di se stessa. "E tu, Clari, non balbetti più!"

Die beiden kichern vergnügt und klettern bis ganz nach oben in die Baumkrone. Nur ihre nackten Füße schauen noch heraus.

Le sorelle ridacchiano felici e contente. Insieme arrivano fino ai rami più alti. Si vedono solo i loro piedi nudi uscire dal fitto fogliame verde.

Auf einem dicken Ast sitzt ein kleines Mädchen mit wuscheligen, roten Locken. Dicke Tränen kullern auf ihr lustiges gelbes Kleid. „Da seid ihr ja endlich." Es schnieft verzweifelt mit seiner langen Nase und wackelt mit seinen großen, spitzen Ohren.

Su un grosso ramo vedono seduta una minuscola bambina dai capelli ricci e rossi. Delle grosse lacrime gocciolano sul suo buffo vestito giallo. "Ah, eccovi qua finalmente." La bambina tira su con il suo lungo naso e muove le sue grandi orecchie a punta.

„Wer bist du denn?", fragen die Mädchen neugierig im Chor. „Ich heiße Mimi. Mein kleiner Bruder Leo hat sich im Zauberwald verlaufen. Ich habe ganz kurz nicht aufgepasst. Und dann war er plötzlich weg!" Mimi schluchzt verzweifelt. „Ihr werdet mir doch helfen?"

"Ma tu chi sei?" chiedono curiose le bambine. "Mi chiamo Mimi. Leo, il mio fratellino, si è perso nella Foresta Incantata. Mi sono distratta solo un attimo e all'improvviso lui non c'era più!" Mimi piange disperatamente. "Mi aiuterete, vero?"

„Na klar, Mimi, wir helfen dir!", rufen die beiden Schwestern wie aus einem Mund.

"Ma certo che ti aiutiamo, Mimi!" esclamano entusiaste le due sorelle.

Clarissa kann es kaum erwarten, in den Zauberwald zu kommen. Sie liebt spannende Abenteuer. Mimi umarmt Olivia und Clarissa. „Macht ganz fest die Augen zu, ich bringe euch jetzt in den Zauberwald", flüstert sie geheimnisvoll.

Clarissa non vede l'ora di scoprire la Foresta Incantata. Le piacciano tanto le avventure. Mimi abbraccia Olivia e Clarissa. "Chiudete bene gli occhi, ora vi porto alla Foresta Incantata", sussurra con voce misteriosa.

Als die Mädchen die Augen wieder aufmachen, sitzen sie auf einem weichen Waldboden. Hier im Wald ist es schattig und es riecht nach Moos und Pilzen. Spitze Tannennadeln piksen Clarissa in die nackten Füße.

Quando le bambine riaprono gli occhi, si ritrovano sedute su un morbido tappeto fatto di aghi di pino. Qui nel bosco c'è tanta ombra. L'aria è fresca e profuma di funghi e di muschio. Gli aghi di pino pungono Clarissa sui piedi nudi.

Zwei dicke schwarze Ameisen krabbeln Olivia übers Bein.

Due grosse formiche nere camminano sulla gamba di Olivia.

„Es ist unheimlich hier", flüstert Olivia ihrer Schwester zu. Die drückt fest ihre Hand. „Wir finden Leo bestimmt. Und dann bringt Mimi uns wieder nach Hause, keine Angst." Clarissa schaut hoch zu den dunklen Bäumen, die dicht nebeneinander wachsen.

"Non mi piace qui, ho paura", sussurra Olivia. Clarissa le prende la mano e le fa coraggio. "Vedrai che troviamo Leo. E poi Mimi ci riporta di nuovo a casa, non avere paura." Clarissa osserva con stupore gli alberi scuri che crescono fitti uno dietro l'altro.

„Ist das hier der Zauberwald? Warum heißt er denn so?", fragt sie Mimi neugierig. „Der Wald ist verhext. Manchmal stehen die Bäume plötzlich woanders. Mein Bruder ist noch so klein, er findet nicht allein nach Hause." Mimi zeigt zitternd auf eine dicke Tanne.

"Allora è questa la Foresta Incantata? Perché si chiama così?" chiede a Mimi curiosa. "Questa foresta è stregata. A volte gli alberi si spostano all'improvviso. Leo è ancora così piccolo, non riesce a tornare a casa da solo." Mimi inizia a tremare e indica un grosso pino.

„Seht nur, die Bäume hier haben so gruselige Gesichter. Wir müssen uns beeilen!"

"Guardate, questi alberi hanno delle facce davvero spaventose. Sbrighiamoci!"

„Da, habt ihr das gehört?" Nach wenigen Schritten bleibt Olivia plötzlich stehen und lauscht angestrengt. „Da weint jemand!" Sie wackelt mit ihren Ohren, um die Geräusche im Zauberwald noch besser zu hören. In der Schule lachen Olivia immer alle aus, wenn sie mit ihren Ohren wackelt.

"Toh, avete sentito?" Dopo pochi passi Olivia si ferma di scatto, tutta concentrata e con la fronte corrugata. "Qualcuno sta piangendo!" Muove le sue orecchie per sentire ancora meglio i rumori della Foresta Incantata. A scuola i compagni ridono sempre di Olivia quando muove le sue orecchie.

„Da, das Weinen kommt von diesem Baum!"
Aufgeregt zeigt sie in die obersten Äste einer
riesengroßen Tanne. Mimi macht große
Augen. „Wirklich? Zum Glück hast du
Elfenohren, Olivia! Aber wie kommen wir da
bloß hinauf?" Seufzend legt Mimi den Kopf in
den Nacken.

"Ecco, il pianto viene da questo albero!" Tutta
eccitata, indica i rami più alti di un enorme
pino. Mimi la guarda stupita. "Davvero? Meno
male che hai orecchie da elfo, Olivia! Ma come
vogliamo arrivarci lassù?" Sospirando, Mimi
piega la testa all'indietro.

„Der Baum wächst doch bis in den Himmel.”

"Questo pino sembra crescere fino in cielo.”

„Na, ihr beiden, wer kann hier gut klettern?"
Clarissa stemmt herausfordernd ihre Arme in
die Hüften. „Wir machen das so: Ich steige da
hinauf und hole deinen kleinen Bruder, Mimi.
Wartet hier auf mich!" Staunend blickt Olivia
ihrer Schwester hinterher.

"Allora, voi due, chi è brava ad arrampicarsi?"
Clarissa guarda Mimi e Olivia con aria di sfida.
"Facciamo così: mi arrampicherò io su questo
pino e porterò giù il tuo fratellino, Mimi.
Aspettatemi qui!" Olivia, a bocca aperta,
osserva la sorella allontanarsi.

Bald sieht sie Clarissa nur noch als winzigen Punkt. „Wie mutig sie ist", denkt Olivia. Als Clarissa schon fast oben ist, hört sie einen kleinen Jungen leise schluchzen. Dann entdeckt sie Leo in einem großen Vogelnest, das aus trockenen Zweigen gebaut ist.

Segue Clarissa con lo sguardo finché diventa un puntino lontano. "Quanto è coraggiosa", pensa Olivia. Quando Clarissa sta per arrivare in cima all'albero, sente un bambino singhiozzare piano piano. Ed ecco che scopre Leo rannicchiato in un grande nido fatto di rametti secchi.

Seine großen, grünen Augen funkeln wie
Edelsteine. Er zittert vor Angst.

*I suoi grandi occhi verdi brillano come degli
smeraldi. Sta tremando dalla paura.*

„Leo", flüstert Clarissa beruhigend. „Komm, ich bringe dich zu Mimi zurück. Du brauchst keine Angst mehr zu haben." Der Junge ist noch zu klein, um ihr zu antworten. Aufgeregt zeigt er hoch in die Baumkrone. Clarissa kann dort nichts entdecken.

"Leo", dice Clarissa con voce calma. "Vieni con me, ti riporto da Mimi. Adesso non devi avere più paura." Il bambino è ancora troppo piccolo per risponderle. Con le sue manine indica un punto in alto nell'albero. Clarissa non riesce a vedere niente lì.

Sie schaut Leo einen Moment fest in die Augen und erschrickt. „D-da ist ein g-großer V-v-ogel, ja? Er h-hat dich m-m-mitgenommen u-und jetzt k-kommt er w-wieder zu-zurück?" Leo nickt heftig und klammert sich wie ein Äffchen ängstlich an Clarissa. „K-komm, Leo, wir m-müssen sch-schnell sein!"

Per un attimo guarda Leo intensamente e, all'improvviso, si spaventa. "C'è un g-gr-grande u-uccello? T-ti ha po-portato qu-qui e a-ad-adesso r-ritorna?" Leo annuisce con forza e, impaurito, si aggrappa a Clarissa come una scimmietta. "V-vieni, Leo, dobbiamo e-essere v-veloci!"

Geschickt wie ein Koala rutscht Clarissa mit
Leo auf den Schultern den Baum hinab.

*Clarissa scivola giù l'albero, agile come un
koala, con Leo attaccato alle sue spalle.*

Da hört Clarissa plötzlich ein grässliches Krächzen, das immer lauter wird. Ein hässlicher grauer Vogel mit riesengroßen Flügeln kommt schnell näher. Er öffnet schon seine scharfen Krallen.

Improvvisamente, Clarissa sente gracchiare un uccello. L'orribile verso sta diventando sempre più forte. Uno spaventoso uccello grigio con le ali enormi si sta avvicinando velocemente. Sta aprendo già i suoi artigli affilati.

Seine kleinen, schwarzen Augen funkeln böse.

Jetzt will er sie beide packen.

I suoi piccoli occhi neri brillano arrabbiati.

Adesso è pronto per afferrare entrambi.

Da schubst Clarissa Leo in einen großes Eulennest im Baum. Blitzschnell kriecht sie hinter ihm hinein. Der grässliche Vogel zieht flatternd und kreischend davon. Sie hören seinem wütenden Krächzen zu, bis es auf einmal wieder still ist.

Ecco che Clarissa spinge Leo in un grande nido di gufo dentro l'albero. È veloce come un lampo mentre striscia dentro il nido anche lei. L'orrendo uccello se ne va sbattendo forte le ali. Lo sentono gracchiare arrabbiato finché, all'improvviso, ritorna il silenzio.

„Puh, das war aber knapp!", sagt Clarissa erleichtert. Der kleine klammert sich wieder an seiner Freundin fest. „Jetzt aber nichts wie weg von hier. Mimi wartet schon auf dich." Flink wie ein Eichhörnchen krabbelt sie mit Leo aus dem Eulennest heraus und steigt schnell den Baum hinunter.

"Fiu, ci è mancato davvero poco!" dice Clarissa sollevata. Il bambino si stringe forte alla sua amica. "Presto, andiamocene via da qui. Mimi ti sta aspettando!" Clarissa sgattaiola fuori dal nido di gufo insieme a Leo e scende giù l'albero in fretta.

„Leo, da bist du ja! Hast du mir einen Schrecken eingejagt!" Mimi umarmt ihren kleinen Bruder.

"Leo, finalmente! Mi hai fatto veramente prendere uno spavento!" Mimi abbraccia forte il suo fratellino.

„Da war dieser grässliche Vogel", erzählt Clarissa. „Er hat Leo mit seinen Krallen gepackt und ihn ins Vogelnest gebracht." Mimi schaut Clarissa staunend an. „Aber woher weißt du das? Leo ist doch noch zu klein zum Reden." „Ich habe ihn aber verstanden," sagt Clarissa.

"C'era questo uccello orrendo", racconta Clarissa. "Ha afferrato Leo con i suoi artigli e lo ha portato nel suo nido." Mimi guarda Clarissa incredula. "Ma come fai a saperlo? Leo è ancora troppo piccolo per parlare." "Ma io l'ho capito", insiste Clarissa.

Ich habe Leo vor dem bösen Vogel gerettet und bin schnell hinuntergeklettert. Wie ein echter Koala!" Mimi freut sich. Olivia und Clarissa haben entdeckt, dass sie ganz besondere Kräfte besitzen. Sie umarmt sie zum Abschied.

"Ho salvato Leo da quel brutto uccellaccio e sono scesa velocemente. Come un vero koala!" Mimi è contentissima. Olivia e Clarissa hanno scoperto di avere dei poteri speciali. Le abbraccia forte.

Und schon sitzen die beiden wieder unter Omas Apfelbaum. „Verstecke bloß nie wieder deine Ohren," sagt Clarissa. Olivia wird ein bisschen rot, aber sie ist ziemlich stolz auf ihre Elfenohren. „Und ich muss aufpassen, wenn ich mir denke, dass du tollpatschig bist!"

E così, in un attimo, le due sorelle si ritrovano di nuovo sedute sotto l'albero di mele della nonna. "Non nascondere mai più le tue super orecchie", dice Clarissa. Olivia arrossisce, però adesso è molto orgogliosa delle sue orecchie da elfo. "E io devo fare attenzione quando penso che tu sia impacciata!"

Hand in Hand gehen Olivia und Clarissa nach Hause. Sie sind glücklich.

Olivia e Clarissa tornano a casa, mano nella mano, felicissime.

Clarissa weiß, dass sie die tollste Zwillingsschwester der Welt hat. Und heute Nacht wird sie bestimmt von ihrem nächsten gemeinsamen Abenteuer träumen.

Clarissa sa che ha la sorella gemella più fantastica del mondo. E stanotte, di sicuro, sognerà la sua prossima avventura insieme ad Olivia.